मैंने तुम्हारा क्या बिगाड़ा है

मैंने तुम्हारा क्या बिगाड़ा है

विजयराजमल्लिका

अनुवाद

सुमा एस.

सतरंगी वाणी

वाणी प्रकाशन

प्रकाशन के उत्कृष्टतम 61 वर्ष

vaniprakashan.com

सजिल्द प्रथम संस्करण : 2024

वाणी प्रकाशन

4695, 21-ए, दरियागंज, नयी दिल्ली-110 002

फ़ोन : +91 11 23273167, 23275710

शाखाएँ

अशोक राजपथ, पटना-800 004, बिहार

कॉफ़ी हाउस कैम्पस, महात्मा गांधी मार्ग, प्रयागराज-211 001, उत्तर प्रदेश

महात्मा गांधी अन्तरराष्ट्रीय हिन्दी विश्वविद्यालय, वर्धा-442 001, महाराष्ट्र

36/ए, शेक्सपियर सरणी, रानी बिरला गर्ल्स कॉलेज के पास, कोलकाता-700 017, प. बंगाल

sales@vaniprakashan.in
vaniprakashan@gmail.com

Maine Tumhara Kya Bigada Hai

by Vijayrajmallika

Translated from Malayalam by Suma S.

ISBN : 978-93-5775-539-9
Poetry Collection

मूल्य : ₹ 300

आर. टेक ऑफ़सेट प्रिंटर्स, दिल्ली-110 032 में मुद्रित

वाणी प्रकाशन का लोगो मक़बूल फ़िदा हुसेन की कूची से

कवयित्री की ओर से

प्रिय पाठको

भारत की आज़ादी के 76 साल बाद भी समानता शब्द हमारे लिए आज भी मृगतृष्णा ही है। लैंगिक न्याय सुनिश्चित किये बिना समानता कैसे स्थापित की जायेगी। यह भी एक प्रश्नचिह्न है। केवल पुरुष–महिला द्वन्द्व और उनके संघर्षों का जश्न मनाने के आदी बने सामाजिक परिवेश में यह ज़रूरी है कि लैंगिक अल्पसंख्यक मनुष्यों के जीवन और अस्तित्व को राजनीतिक रूप से देखा जाये। हमारी त्रासदी यह है कि समाज को बार–बार याद दिलाना पड़ता है कि 'हम भी इन्सान हैं'। यहाँ तक कि जब यह कहा जाता है कि ट्रांसजेंडर को इन्सानों के रूप में देखा जाता है, तब भी हमारे मानवाधिकार सम्बन्धी सवाल बिना किसी निश्चित उत्तर के खिंच जाता है। मैं परिकल्पना करती हूँ और इस बात पर ज़ोर देती हूँ कि लेखन के द्वारा विशेषकर कविता के द्वारा होने वाला रचनात्मक हस्तक्षेप एक शानदार सामाजिक क्रान्ति का महत्त्वपूर्ण क़दम है।

प्रिय लेखिका डॉ. सुमा एस. ने मलयालम भाषा में लिखी गयी मेरी सात अलग–अलग काव्य–पुस्तकों से चयनित कुछ लोकप्रिय कविताओं को उनकी आत्मा को नष्ट किये बिना हिन्दी में अनूदित किया है। उम्मीद है, यह पुस्तक पाठकों की पसन्दीदा बन जाये। लेखन की राजनीति तब और अधिक सशक्त हो जाती है, जब इस पुस्तक का शीर्षक वही प्रश्न हो जो दैनिक जीवन में सार्वजनिक चर्चाओं में शामिल होने के दौरान समाज

की प्रश्न–भरी आँखों से थके या डरे बिना अक्सर हम पूछा करते हैं, 'मैंने तुम्हारा क्या बिगाड़ा है?' आशा है, इसमें प्रतिपादित विषय आपके दिल को छू लें जिसके द्वारा विश्व की आगे की यात्रा में विविधता को शामिल करते हुए हम आगे बढ़ें।

–विजयराजमल्लिका

अनुवादक की ओर से

स्वानुभवों के अग्निसागर से उठे प्रतिरोध, अवरोध और उद्‌घोषणाएँ हैं विजयराजमल्लिका की कविताएँ। जब अनुभूति कविता बन जाती है, तो वह पाठक की कई पूर्वधारणाओं को तोड़ देती है। कल्पना से परे जीवन की वास्तविकताएँ जो हैं, वे उन्हें जला देती हैं। ये कविताएँ रूप और लिंग के कारण नहीं, बल्कि अपने स्वत्व–बोध के कारण पाठकों को आकर्षित करती हैं। इसमें कोरी कल्पना नहीं बल्कि कवयित्री का घायल मन है, बेचैन शरीर है और जलते हुए विचार हैं। साथ–साथ एक ठोस दृष्टिकोण भी। अपनी कविताओं द्वारा कवयित्री समाज को यह बताना चाहती है कि वह न तो पुरुष है और न ही स्त्री, बस एक मनुष्य है। उनकी प्रत्येक कविता इसी तरह का एक खुलासा है। कई सामाजिक विकृतियों से संघर्ष करते हुए कवयित्री कविता की विकृतियों को प्रज्वलित करती है। सामाजिक संघर्षों को चुनौती देकर जीना हर ट्रांसजेंडर की नियति बन चुकी है। लेकिन वे इन संघर्षों से डरती नहीं, बल्कि डटकर सामना करती हैं। मल्लिका की कविताएँ सिर्फ़ उनके अपने संघर्ष की ही नहीं, बल्कि हर ट्रांसजेंडर के जीवन–संघर्ष का खुला दस्तावेज़ हैं। शरीर के उन्माद को अपने ही अन्दर दबाये बिना खुले शब्दों से पाठकों के सामने लाने वाली मल्लिका ज़ोर देकर कहती है कि अन्याय का कोई लिंग नहीं होता। यह पुस्तक उन सभी queer लोगों को समर्पित है जिन्होंने जिन्दगी भर संघर्ष किया है।

–सुमा एस

अनुक्रम

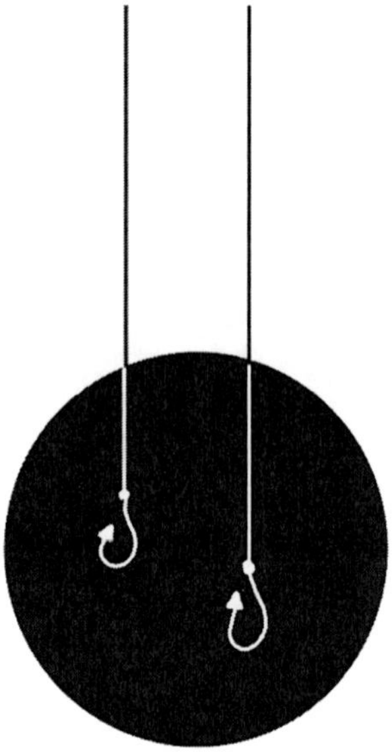

तन के खुलने पर

नदी क्या समुद्र है?
क्या समुद्र एक नदी है?
इससे अनजान
अलौकिक और अमूर्त होकर
अविवेच्य होकर
तुम्हारी और मेरी कमर
एक होकर बढ़ती हुई...
तन के खुलते ही
जिज्ञासाओं का न धनुषकोडी
न ही रहस्यों का कोई चित्रकूट
इसका पता होते ही
एक ही दिशा में चल रही पटरियाँ
जैसे हाथ मिलाती हैं
वैसे ही मैं तुम्हारी आधी होकर
समा जाती हूँ तुममें
और तुम मुझमें
बिना किसी संगम के
हज़ार सहायक नदियाँ बन एक दूसरे की
बहते हैं हम...
कसी हुई नसें टेढ़ी
ताण्डव के लिए बुलाती हैं तुझे
आग से उठती हूँ

ऊर्जस्वी होकर, देवी बनकर;
गंगा नहीं
गंगा कभी नहीं
देवी...बस तुम्हारी देवी बनकर!

तीसरा लिंग

एक
दो
तीन
कायिक
गार्हिक
कौतुक
चार, पाँच और छह भी हैं
क्या है? क्या है वहाँ
कितने और हैं?
चौंकिए मत, चिन्ता मत कीजिए
हैरान मत होइए
जीवन–छतरी में विविधताएँ और भी हैं।

घाव

मैं अपने बच्चों को
बृहन्नला या
शिखण्डिनी
नाम दूँगी
ताकि उनके द्वारा
भाषा में हुए
घातक घाव
भर जायें
कॉलम* में सिकुड़ें नहीं
मात्र नर और मादा न बनें
भलेमानस बनें
और इस रूप में ही
उन्हें बढ़ने दें
कर्क की संध्या में
भारत का
संविधान
पढ़ें और बढ़ें।

कॉलम* : स्तम्भ।

संख्या

तीन और उससे ऊपर
संख्याएँ
खोजे जाने के बावजूद
दो ने कभी ख़ुदकुशी नहीं की;
वह तो दुगुना होता ही रहा
फिर भी कुछ लोग अब भी
निहारते रहते हैं
एक और दो को ही
और
निर्धारित करते हैं
मान–सम्मान और सीमाएँ
स्तम्भों में अंकित कर
अंकुश लगाते हैं।
लड़ाई हो रही
न्याय और अन्याय की
आँखों पर पट्टी बाँधी देवी का
दम घुट रहा है
तब भी
प्रकट हो रही हैं नयी संख्याएँ
जो अनन्त सितारों की तरह
हँसती हैं।

हिजड़ा

रेलवे कूपे में जब वह साड़ी में लिपटकर
सामने हाथ फैलाता है
ज़रा ग़ौर से देखना, लगेगा
कहीं जाना–पहचाना–सा है उसका चेहरा
तुम्हारी या दोस्तों की तरह;
डॉक्टर और तहसीलदार बनने के लिए
तुम जो स्कूल की सीढ़ियाँ चढ़ आये हो
वह तुम्हारे मापदण्ड के
मायने में कहीं भी
फ़िट न हो सकेगा।
कहीं तुमने जन्माया हो
एक या दो के असमंजस में
कहीं बेचा गया हो उसे
यह भी हो सकता है जन्मा हो साथ;
हो सकता है शैशव–कौमार में बुज़ुर्गों के श्राप से
छिन्न–भिन्न हो कोई;
एक और दो के बीच
बिना तीन पर रुके
बहुत–सी संख्याएँ हैं
सितारों की तरह।
सच्चाइयाँ और भी हैं
हैं न?
देखा, तुमने देखा...

सब कुछ कैसे बटोर लिया उसने जो तुमने फेंका था?
फिर भी तुम्हारी नज़रों में
है वो एक हिजड़ा ही जो कहीं का नहीं
क्या तुम पूर्ण हो?
रेल और काल
एक जैसे...
दोनों आगे बढ़ते रहेंगे
लेकिन बीच में स्टेशन भी आते रहेंगे।

कुछ लोग

क्या संख्याओं के लिंग होते हैं?
क्या कोई लिंग स्थिति है?
कोई यौन साज–श्रृंगार है?
कोई सबूत है कहीं इसका?
शब्दों का मन्थन होने के बाद,
लेथे* में डूबकर
व्याख्याओं का नया अर्थ
विस्मय बन जाता है।
फिर भी
संख्याओं और
शब्दों के अतीत को खोजकर
कुछ लोग दूसरों को मार डालते हैं
और उनकी क़ीमत
व गुणवत्ता देखकर
अंक और शब्द
आमने–सामने
आँख मारते और हँसते हैं।

***लेथे** : ग्रीक पौराणिक कथाओं में एक नदी। यह माना जाता था कि जो लोग लेथे नदी का पानी पीते हैं, वे अपने पिछले अस्तित्व की सभी यादों को खो देते हैं।

शहीद

एक छत के नीचे
दो लोग
अलग–अलग बिस्तरों में
अभिशप्त ज़िन्दगी के
दोनों क़ैदी हैं
किसी भी पल ढह जाने वाले
शहीद !
उन्मादों को सुला देने वाली
अनुचरियाँ
दूसरों के लिए एक हुई
सीमाएँ
सुलह–सन्धि पर हस्ताक्षर किये बिना
एक–दूसरे से समझौता कर
उस घर में पड़ी रहीं!
एक स्त्री और दूसरा स्त्रीत्व का अनुभव करने वाली
बाहर तो हैं वे मियाँ–बीवी
दुनिया के लिए मुबारकबादी
आदर्श दम्पती।

न लड़का न लड़की*

लड़का नहीं तू ना लड़की
आँखों का तारा है तू मेरी
मधुकोष है तू मेरा मधुकोष
आतुर मेरी अश्रु देख
वक़्त से मिला वरदान तू
अच्छाई और बुराई में फ़र्क़ कर तू
कॉलम के बाहर पले–बढ़े
सत्य का प्रतिबिम्ब है तू
तू ही बनकर रह तू
रा रा री री रू रू रा रा रू रू
न ही बेटा तू, ना ही बेटी
इन्द्रधनुष है तू
तुझे सीने से लगाकर
तेरे माथे को चूमूँ मैं
कि जन्म साफल्य के ये चुम्बन।
न हारें, न थकें, फलें–फूलें
तेरे सपने
सहारा बने तेरा जन्म

अभिशाप नहीं हो तुम, पाप नहीं हो तुम, प्यारे
मेरे जीवन की क़िस्मत का तारा हो
प्रथम तारा तुम प्रथम तारा हो
रा रा री री रू रा रा री रू...

---

* मनुष्य केवल नर और मादा पैदा नहीं होता। इतिहास में पहली बार, इंटरसेक्स श्रेणी के मिश्रित लिंगवाले बच्चों के लिए लिखा गया लोरी गीत।

पाइपलाइन

दो लोगों के बीच हुई बात जब बाहर निकलती है
लोग इसमें फिसलकर गिर जाते हैं
बेकार ही झगड़ते हैं
हाथापाई करते हैं
कीचड़ उछालने लगते हैं
ख़ून के छींटे पड़ जाते हैं
जैसे कोई पाइपलाइन फट गयी हो।
सुराख़ों को बन्द करते ही
नये पुलों पर दरारें पड़ती रहती हैं
मीनारें हिलने लगती हैं
कोई अग्निपरीक्षा को तैयार होता है
तब तक गली की सन्ततियाँ
जीने के लिए पेड़ों पर चढ़ती हैं
कि हे प्रकृति मैया, अब तुम ही रक्षा करो।

विवाहिता बनी पिता

मेरे पिता के जाने के बाद
वह कुर्सी गिड़गिड़ाने लगी
जो भी बैठेगा लुढ़ककर गिरेगा।
विवाहिता पिता को
क्या मैं माँ कहकर पुकारूँ?
पड़ोसिन ने कहा कि बुआ पुकारा करो
अब से उस व्यक्ति को याद भी मत कर
माँ ने चेतावनी दी
पत्नी का स्त्री होना क्या ज़रूरी है?
मुझे नहीं पता
भला कोई तो समझाये!

सुषुप्ति

प्रिय अध्यापिका,
बीमार होने का पता चलने पर छात्र–छात्राएँ काफ़ी परेशान हो गये
सहयोगी लोग यह सहन नहीं कर पाये
अभिभावकगण फूट–फूटकर रोने लगे
दूसरे लोग घुटने टेककर प्रार्थना करने लगे
कई लोग आपके इन्तज़ार में रहने लगे।
पर बीमारी के बारे में पता चला तो
परिचारिकाएँ हैरान रह गयीं
दलिया लाने वाला छोकरा भी चौंक पड़ा
दीवारें मौन हो गयीं
कोई भी अन्तिम भोज अर्पित करने नहीं गया
होंठों पर पानी भी नसीब नहीं हुआ बेचारी को
आख़िर अछूत फ़रिश्ताओं के साथ
अस्पताल की सीढ़ियाँ उतरी वह
आख़िरी दर्शन के लिए कोई भी प्रियजन नहीं गया
सूखे दूध–से अतीत के साथ
सार्वजनिक क़ब्रिस्तान में
जब तक यह राख न हो जाये
घण्टी बजती रही।
सुषुप्ति से उठने के बाद अब भी
चिकित्सा–जगत् एक–दूसरे को ताकता है
सर का भार सँभालने ठुड्डी पर हाथ रखता है

कि आख़िर प्रिय शिक्षक की मृत्यु का कारण क्या है?
प्रोस्टेट कैंसर
चौंकिए मत, विज्ञान का मज़ाक़ मत उड़ाइए
सुनकर!

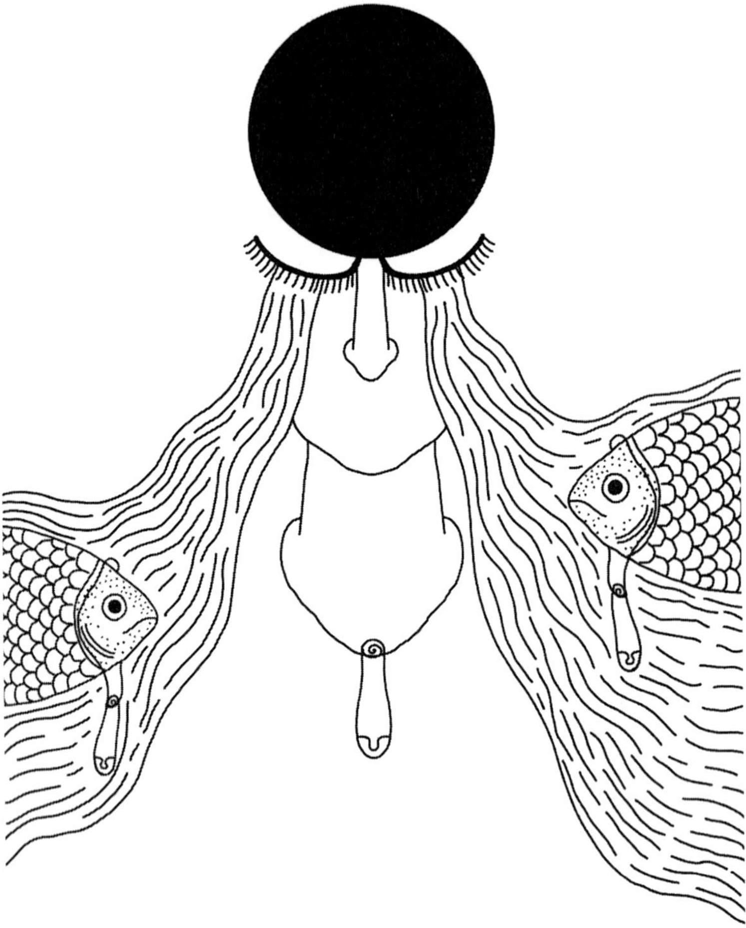

लाक्षागृह

तन की तमाम खुदाई के बावजूद
प्राण के साथ मिलने में असमर्थ
कितने लोग
तट को छूने में असमर्थ जहाज़ की तरह
अग्नि–निगलित आत्म–व्याख्याओं में
अधजले लाक्षागृह
सारे सपने रिस–रिसकर बह गये।
मन की अँसुवन घटाओं में
बरसने को आतुर एक
समुद्र को दबाने वालो,
तितलियों की तरह उड़ने दो उन्हें
उनसे बने उद्यानों में
इस धरती के पवित्र स्तनों से
उनको भी जुड़ने दो
कान्तिमान फूलों की तरह
रक्त की एक भी बूँद गिरे बिना
और बिना एक भी दीपक को बुझाये।

पाइप के नीचे

गर्मियों में
मिट्टी में धँसे
पैर जब जलने लगेंगे
कुछ लोग
पानी का बहाव बन्दकर
पाइप के नीचे बैठ
ऊपर फूँक मारेंगे
चाटेंगे, हिलायेंगे और मोड़ेंगे
पानी की एक बूँद के लिए तरसेंगे
जैसे हम
जो अपनी अस्मिता के लिए खड़े होकर
ऋतुओं के बदलाव को जाने बिना
माँ के प्यार के लिए
धड़कते हैं।

माँ

बेटा नहीं, मैं बेटी हूँ
ज़ोर से कहूँ इस तरह
तो क्या तुम मुझे
भिन्नलिंगी बुलाओगी?
यह जानते हुए कि ऐसा नहीं होगा
मैं फेंक रहा हूँ यह प्रश्न
कि हे सखे
आख़िर तुम भी तो माँ हो
हो धर्मपत्नी!

काल भैरवी

प्रेरणाएँ
आन्तरिक प्रेरणाएँ
तन में जगीं;
अन्य चेतनाएँ
अरमान
आत्मभाव स्पन्दन
समय के पंखों में संघर्षरत
सहज भाव तरंगें।
रंग–बिरंगी तितलियाँ
सच जाने बिना गिर पड़ीं
विरह वीणा की श्रुति ध्वनियाँ
एक से दूसरे में भर जाने वाली
चमकीली, प्यासी कलियाँ
स्वप्न घटा वर्ष
प्रकृति हैं...
प्रकृति
जो ईश्वर क्रीडा नहीं
बल्कि बताने वाली
एक काल भैरवी।

पुरुष नाम

काल और रूप
परिवर्तन के मैदान में
प्रतियोगिता की होड़ में हैं
फिर भी कुछ लोग बदल जाते हैं क्या?
जानते हैं? या जानकर भी अनजान बन रहे?
भीड़ में मिलने पर पुरुष नाम पुकारते हैं
'अरे', 'जा रे' कहते हैं
साथ रखते हैं और फिर
मिट्टी में रौंद देते हैं!
लड़की भले ही बन गयी
पर प्रसूति–पीड़ा वह न जानेगी
यह बात याद दिलायी जाती है!
माता–पिता द्वारा दिया गया
पुरुष नाम,
असमानता के आँसूरूपी बन्दूकें दागे
बेचैनियों का जैसे स्वर्ण रथ!

भाषा से चोट लगने पर

सीने में चाकू मारने से भी ज़्यादा पीड़ा होती है
बातों से हृदय पर आघात करने से
जब कि नर या मादा होना
या दोनों से अलग होना
यहाँ तक
कि यह मनुष्य जन्म भी किसी का चुनाव नहीं है।
फिर भी ताबड़तोड़ पत्थर फेंक रहे हैं
शब्दों के पत्थर
और दे रहे हैं धोखा
उड़ा रहे हैं मज़ाक़!

शरशय्या

शरशय्या के भीष्म को पढ़ते वक़्त
शिक्षक ने मुझे खड़ा किया और पूछा–
'क्या तुम माफ़ नहीं कर सकते थे?'
कौमार्य से भरपूर मेरे गालों से
बहने वाले आँसुओं का इन्द्रधनुष देख
ठहाका मारकर हँसने लगे दोस्त
मैंने माफ़ कर दिया
आख़िर गुरु के बाद ही भगवान हैं!

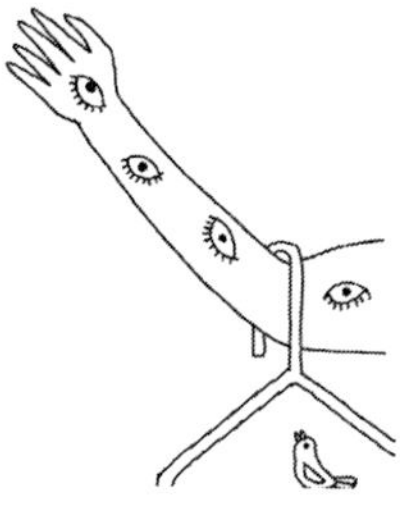

अनंकुरित थनों वाले सीने की घुड़दौड़

दिन के उजाले में पति है
साँझ की लालिमा फैलते ही
बन जाता वह पत्नी
इस तरह ख़ुद को परिवर्तित करने वाले
किसी व्यक्ति को जानते हैं आप?
कीड़ा से शलभ बनने जैसा
नशा है उसमें, रंगीन भी
अनंकुरित थनों वाले उस सीने की घुड़दौड़
देख हर बार मन में जगता है
फूल बनने का एहसास।
पहर की हर चटाई बिछाते–बिछाते
आशाओं के छिलके उतार–उतार
तैयार करते वक़्त
बिना चेतावनी के
तेज़ रफ़्तार से आ रही मालगाड़ी की तरह
आने वाले भोर में
बिखरे पड़े सपने
अस्मिता के कैनवास पर
खींचे जाने वाले गद्‌गद
तितली के पंखों को मोड़
कीड़ा के रूप में लौटने में असमर्थ मन
दहशत–भरी आँखों में
मिट्‌टी के बर्तन की तरह गिरकर चूर हो न जाये

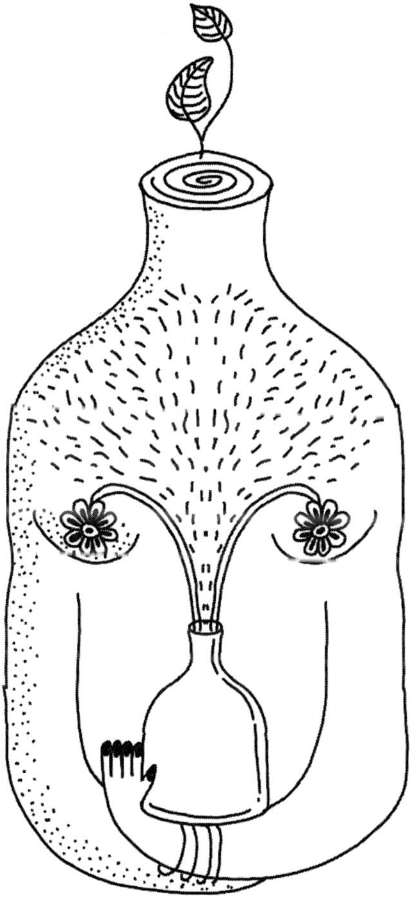

काँपता कलेजा
मुड़ा हुआ अस्थिपंजर
गला फाड़कर थूका
रँगे हुए होंठ
ओह! कितनी अजीब होती है इन आदमियों की ज़िन्दगानी।

वह दिन दूर नहीं

मैं जो कुछ भी लिखूँ
ज़रूरी नहीं कि लोग पढ़ें उसे
यदि पढ़ें तो भी पूरा नहीं करेंगे।
पहले और आख़िरी पन्ना देख
उसे मेरी अस्मिता से लगा लेंगे।
कॉकस* में चर्चा भी किये बिना
परे रखेंगे
और कभी दूर फेंक देंगे।
लेकिन कल के स्पन्दन उन्हें ढूँढ़ लेंगे
युगों से लम्बी चुप्पी टूट जायेगी
ध्वनि तरंगें बह जायेंगी
पंक्तियों के बीच से
उनकी आत्मा से मिलेंगे।
उन पंक्तियों का सस्वर पाठ होगा
युगधारा भी उसे दुहरायेगी
वह दिन दूर नहीं।

---

*कॉकस : समूह, दल।

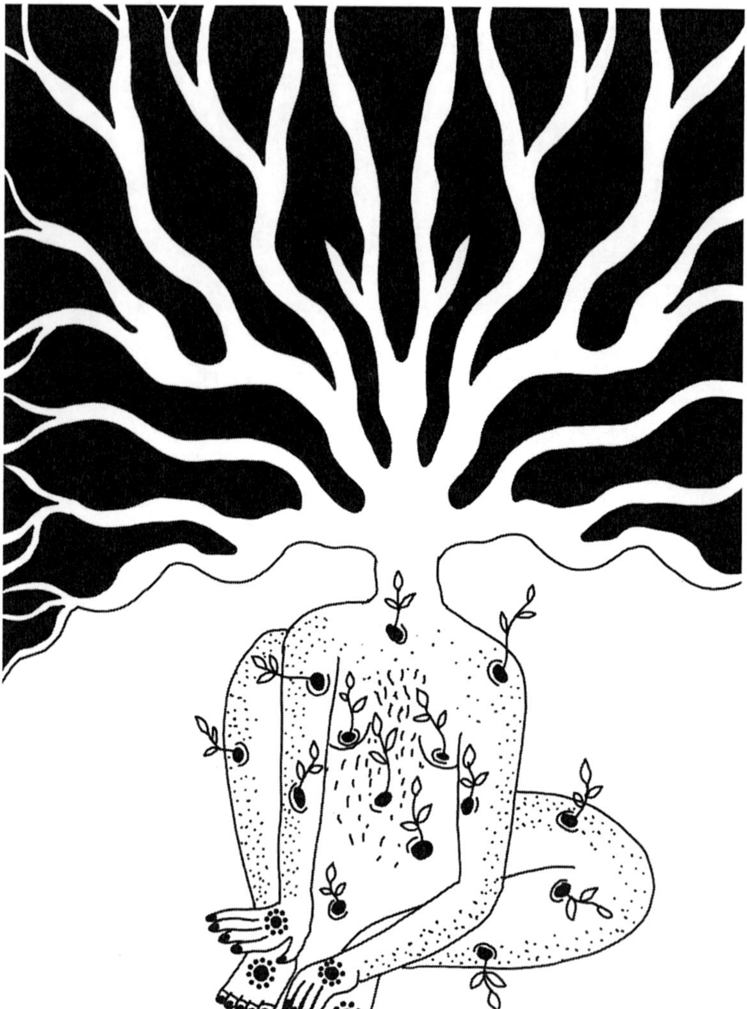

लेकिन

उसने मुझे पसन्द किया
और मैंने उसे
शहर में अच्छी नौकरी
जीने का माहौल भी
कभी नगद या उधार नहीं पूछा किसी ने
विशाल मन का होगा वह
लेकिन यह रिश्ता नहीं चलेगा
कि आख़िर
बिना योनिवाली महिला की शादी कैसी!

दायरा

क्या तुम नहीं आओगे मेरे लाल
साथ खाने को
झूला झूलने को?
मुझे उस बुलावे का इन्तज़ार था
परायों ने और अजनबियों ने
हज़ारों सन्देश भेजे
उनके भी महत्त्व और दायरे थे ज़रूर
पर...
जिन्हें पहले पता होना चाहिए था
उनकी चुप्पी से अनाथ बनी वह।
गली के खौलते कड़ाहे में
फेंके जाने वालों के लिए, क्या जश्न है!
गले लगाने, माथा चूमने और
गालों के आँसू पोंछने को
ताक़त कब होगी उन हाथों में!
चीनी भी कभी कड़वी हो सकती है
लेकिन उसकी कड़वाहट में
पिघलती मिठास की यादें
सदा बसी रहती हैं।

न्याय

कलाओं को ज़ंग लग गया है
सपने जमे हुए हैं
प्यास सूख गयी है
कब दे पायेगा
मेरे लिए न्याय
सोता हुआ यह समाज!

मौत के बाद

वह बुदबुदाता रहा
मैं पुरुष नहीं, स्त्री हूँ
देखते नहीं मेरे स्तन?
क्या मैं औरत नहीं? नहीं हूँ क्या?
ज़ोर से गाने में सक्षम होने के बावजूद
धीमी आवाज़ में गाया उसने
जंगल के गधे दौड़कर आने में आतुर रहे।
बस में चढ़ा जब
आगे की सीट के लिए ज़िद की
ज़ोर से चिल्लाया कि मैं औरत हूँ
बायाँ शीशा ज़मीन पर गिरकर चूर हो गया
गोद में बच्चे को लेकर आयी एक युवती
दाँतों पर उँगली दबाये खड़ी रही
महिलाओं को प्राथमिकता दी गयी जगह पर
बैठे बड़े मूँछवाले ने पूछा–
यह लड़की है या लड़का?
बग़लवाले आदमी ने अपनी ठुड्डी को सहलाते हुए कहा–
मौत के बाद ही तो पता चलेगा
कैसे? भौंहें सिकुड़ रही थीं
बिना नहाये चिता पर नहीं रख सकते न!

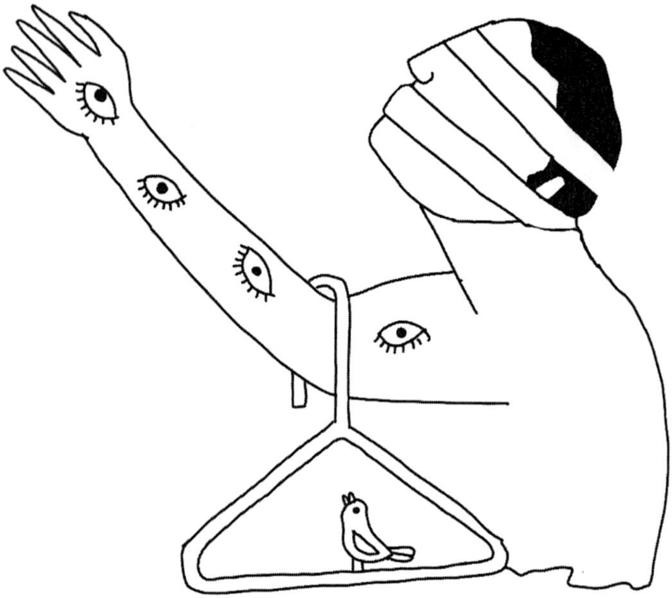

नीलाम्बरी

हालाँकि मेरे स्तन सुन्दर हैं
पर बच्चे को तृप्त करने के लिए उपयुक्त नहीं।
वीणा की तन्त्रियाँ प्रेम उत्पन्न करती हैं
पर *नीलाम्बरी बजा नहीं सकती।
भीषण और मधुरता से युक्त, इसीलिए
प्रेम मंजरी बन मैं बरस पड़ी
रम्भा और कामरूपिणी बन
*पुत्रकामेष्टि के भ्रम में रही
आलिंगनों में मग्न रहकर भी
प्यासी रही गोद किसी के लिए।
आलिंगन को आतुर हाथ
फूलों के बीहड़ से लड़कर हार गये।

---

*नीलाम्बरी : एक राग का नाम।

*पुत्रकामेष्टि : पुत्र पैदा होने के लिए किया जाने वाला यज्ञ।

जलेबी

कचौड़ी की दूकान के काँच के अन्दर
मीठी रुचिर जलेबी की तरह
पुरुष के वश में रोकर बिताऊँ
मैं औरत कब तक?
दरारों से देखने के बावजूद
पंक्तियों के बीच से पढ़ने के बावजूद
मेरी माँ भी क्यों पहचान न सकी मुझे?
तूने ही जन्माया था न मुझे, परवरिश की थी मेरी?
खिलने से पहले ही इन फूलों को
निचोड़ने आते हैं लड़के
खिलें तो बस सर पर लगा लेतीं लड़कियाँ
फूल का दर्द कौन जाने?
खिलाने का पाप तो केवल पौधे का है न!

लाल कमल

सूर्य के सीने पर सोना नहीं, लेकिन
जन्मा है कीचड़ में यह लाल कमल।
कहने को कुछ है ज़ोर देकर किसी से
व्यर्थ जाने को नहीं है यह जन्म।
आँखों पर पट्टी बाँधी लड़की, क्या जानती है
नीति मर चुकी है इस देश में।
चीजों की तरह हमें सजाते समय
वस्तु बनाना भूल गये क्या?
अब भी हैं साँप ज़हरीले
घने गहरे जंगलों में
सीना ताने खिला हुआ खड़ा होगा
प्रतिरोध का यह लाल कमल।

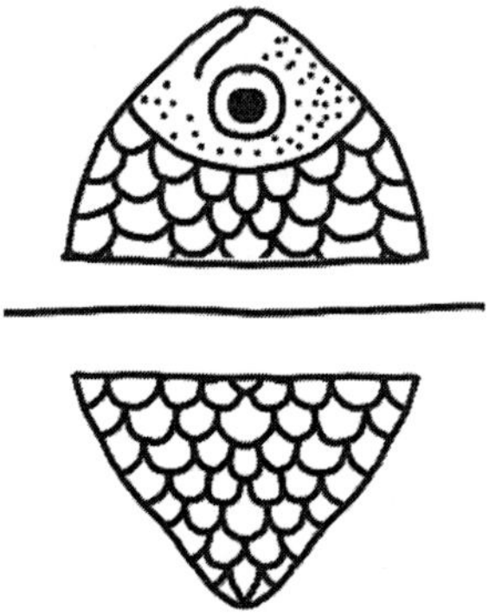

मकड़ी*

अंकुरित मोह के जाल में फँसी
मकड़ी के महल में
खो गया एक बेचारा
भोला–भाला एक नादान
फूलों से सजे बिस्तर के नीचे
फूट–फूटकर रोता रहा वह, तब
'प्रियतम' बुलाते आयी वह
बढ़ाया उसकी तरफ़ काँच का एक प्याला
*लास्य–युक्त उन आँखों को देख
चौंककर घूरने लगा वह
कि गले लगाने को नहीं
भाग जाने को तड़पा मन उसका
पर कसके पकड़ उसे बन्धन में डाला उसने
हड्डियाँ सब चूर हो गयीं
बेचौनी के उस नरक में आख़िर
जड़ बन गया वह राख समान।

---

*समलैंगिक पुरुषों को समर्पित, जिनकी ज़बरदस्ती शादी कर दी जाती है।
*लास्य : कोमल, मधुर।

शिखण्डी

महान् युद्ध ने न्यायोचित ठहराया
योद्धा बन धीर–वीर बन
जन्म सफल बना
लेकिन तेरा बचपन
कौमार और यौवन जीने वाले
हम हैं बदक़िस्मत
*'सिसि–ब्रो' तुम लोगों का
ज़माना है...आइवा*!

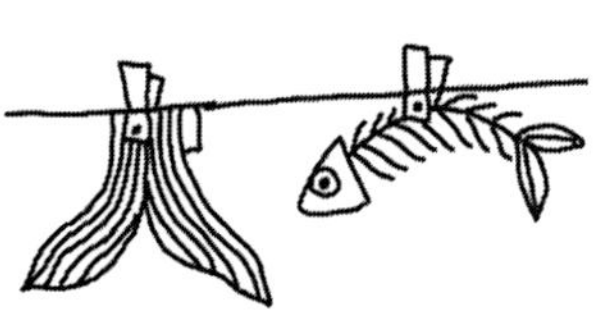

---

*'सिसि–ब्रो' : वह लड़का जिसमें स्त्रैणता का भाव ज़्यादा हो।
*आइवा : बहुत बढ़िया।

जन्म और मृत्यु

खाने की मेज़ पर
तली हुई मछलियों का लिंग
हमें परेशान नहीं करता
वे नर हैं या मादा
या नर–मादा से परे हैं
जन्म–मृत्यु की गणना–पुस्तकों को जाने बिना
तलते समय भी,
इमली के साथ पकाकर, परोसकर
चावल के साथ मिलाकर खाते वक़्त भी
हम यह सोचते नहीं।
तब भी हमारे
अस्तित्व का दिशाबोध
वे गले में ठोंकते हैं
मछली के सिर के काँटे की तरह*!

---

*कवयित्री का यहाँ आशय यह है कि जिस तरह मछली के सिर के काँटे गले में अटक जाते हैं और उन्हें निकालना मुश्किल होता है, ठीक उसी तरह हमारा लिंगबोध काँटे के समान है जो लोगों के गले से नहीं उतरता।

श्लथ बिम्ब

लड़की देखने गया
बातें कीं एक–दूसरे से
पसन्द आया
श्लथ बिम्ब
??? ??? ???
पसन्द आया उसे, लड़की नहीं
लड़की का भाई
सभी उँगलियाँ एक जैसी नहीं होतीं
फिर भी जारी हैं असंगत मन की लड़ाइयाँ।

अर्धनारी

अर्धनारीश्वर
पूर्णता की तालियों से जिसका
सत्कार किया जाता है;
अर्धनारियाँ
अपूर्णता के दलदल में
धँसी जाती हैं;
भगवान चमकता है
मानव जलता है
इनके बीच कहीं
नीति ख़ुदकुशी करती है;
भगवान के रूप में पुनर्जन्म ले तो
क्या यह जन्म सफल होगा?
जो रातों के साथ मीठे सपने
देख सो पायें?

अनुरागी

जब लड़का था तब भी और
जब लड़की थी तब भी
मुझे आदमी से प्यार हो गया
तब मैं तुम्हारे लिए रोगी था
आज मैं रागी हूँ
लेकिन हरदम मैं अनुरागी हूँ
हूँ अनुरागी।

मनुष्य-पुत्री

मरण और मरणोपरान्त के पल
समान रूप से मुझे चिन्ता में डालते हैं।
साँसें थम जायेंगी किसी गद्दी में
प्रेतों की दुनिया किसी और वीरान
निगूढ़ता में देख पायेगी।
चेतनाहीन होने के शुरुआती घण्टों में
मैं सुर्ख़ियों से भर जाऊँगा।
दोपहर के बाद
जब सूर्य अलविदा कहने को है
सड़कों पर भीड़ लग जायेगी।
मेरे बड़े–बड़े चित्रों पर फूलों की वर्षा होगी
मोमबत्तियाँ मेरी यादों में जलेंगी
तब भी मैं अनाथत्व की पुरानी मेज़ पर
पैरवी के इन्तज़ार में लेटा होऊँगा।
मैं...जिसे
नवोत्थान नायक और झण्डे
सब एक समान भूल गये
मेरा नाम ट्रांसजेंडर है
वह मनुष्य–पुत्री
जिसे तुमने विषमलिंगी कहा था।

दाई

''यह सब यहाँ नहीं हो सकता
यह द्विआधारी समूह* है
यहाँ नर–नारी ही काफ़ी हैं।''
सदा 'जार'* का दहाड़ सुनकर
एक दन्तहीन हँसी गूँज उठी
वह बुढ़िया कौन है?
''दाई''*...
और कौन?

---

*द्विआधारी समूह : वह समूह जहाँ सिर्फ़ मर्द और औरत को मान्यता प्राप्त होती है।
*जार : परस्त्री से प्रेम करने वाला, यार।
*दाई : प्रसूती के समय सहायता करने वाली।

आग

निःशब्द प्रणय
अक्सर
है होता सीने में आग–सा
वह
जल रहा होता है
फैल रहा होता है
सुलग रहा होता है धूआँ–सा
लेकिन किसी को पता नहीं होता।

बारिश थमती नहीं

मुझ विरहिणी के गद्‌गद
आकाश में बंजर बादल बन उठ रहे हैं
थम जातीं अगर मेरी वेदनाएँ
अंगुली स्पर्श से अछूत सुनहली तन्त्रियाँ
यादों–सी बहती मन्दाकिनी
सुरलोक की स्वप्न संचारिणी
नीलाम्बरी राग भाव बन
मेरे सीने का क्षीर सागर बनेगी क्या तू?
लम्बी रात और दुखती देह
बारिश की एक बूँद भी मिले अगर
नींद की आहट में
मेरे अन्दर एक मातृहृदय कराहता है!

प्रेत-विचार

अपनी आँखें खोल न्याय–कन्या
घुटने के बल चलने वाली इस ट्रांसजेंडर को देख
देख कि प्राणवायु भी दुःस्वप्न बन रही
धरती पर तड़प रही मछली के लिए
नक़ली बाल नहीं, हरसिंगार नहीं
ना ही कोई आकर्षक परिधान ही
पुरुषत्व को साया देने वाला
वटवृक्ष भी थककर चूर हुआ।
कुत्ते के लिए घर बनाते हैं
बन्दर को दावत दी जाती है
कच्चा मांस बेच–पकाकर
खाने को इशारा करती है तू
एक दिन तेरी भी इज़्ज़त लूटी जायेगी।
डण्डे से पीटकर मारा जायेगा
शव–परीक्षा करते समय
सड़ती हृदय–धमनियों में
बदबूदार वाद–प्रतिवाद पनपेगा।
चिकित्सा–जगत् तब फ़ैसला लिखेगा
कि मस्तिष्क पहले से मर चुका है
तेरे अँधेरे योनि मार्ग में
क़लम से लगाये निशान* होंगे
पागल होकर तेरी आत्मा
कैंची की धार पर तड़पेगी

और जो पुल पर टूटा
और अजनबी द्वारा निचोड़ा गया
वह जब बाल खोलकर नाचने लगेगा
कोई चित्रगुप्त आकर ले जायेगा उसे।

---

*यहाँ आशय पोस्टमार्टम के समय क़लम से जो निशान लगाये जाते हैं, उनसे है।

जलती हुई यादें

धधकते दिन की कड़ाही में
मैं अपनी यादों को फेंक दूँगी
अगर उनमें से कोई भी भाप बनकर
बारिश बन मुझ पर बरसे तो।

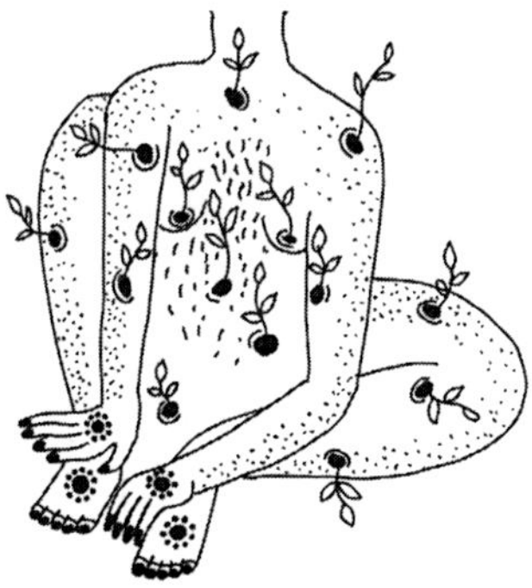

बिना परिभाषा के चुम्बन

परिभाषा–रहित हमारे चुम्बन को
कोई शिकवा या शिकायत नहीं
वह प्रेम के आलिंगन में
मौनदाह के उत्सव में
नूतन बाग़ों में
बिना किसी पार्श्व संगीत के
कोमल गीतों की तरह
हमसे एक और
कामोत्तेजक वसन्त बन
परकाय की तलाश में
मन्द समीर बन
शीतल हँसी बिखेर बह जायेगी।
दुनिया लिंगों में सिकुड़ती रहे
हम अपने स्वत्व में फैल जायेंगे
गुप्त इच्छाओं को एक–एक करके जानेंगे।

नाइन्साफ़ी का लिंगभेद

हज़ारों विह्वलताओं को
अन्दर की धौंकनी में डालकर
पिघलाकर, सिकोड़कर
दवा या मौत के लिए
जाते समय
आदमक़द पुरुष
और उनकी चापलूस स्त्रियाँ
दोनों बीच रास्ते में खड़े
खिल्ली उड़ाने की बात सोचते वक़्त
याद आते हैं
जलियाँवाला बाग़ में
शान्तिप्रिय जनता पर
गोली दाग़ने वाले अंग्रेज़
शिकारी का चेहरा
मैं उनमें देखती हूँ
मानती हूँ
कि नाइन्साफ़ी के लिए
कोई लिंगभेद नहीं।

द्वीप

उनके पुष्पक विमान
जब भी दिशा बदलकर उड़ान भरते हैं
मेरे द्वीप पर आ थमते हैं
दिन की धूप के बाद
जैसे शाम ढलती है
हे प्रियतम!
प्रत्येक प्रेमसुमन जो खिल गया
आकाश में तारे बन
अपनी जगह लेगा
तैरकर आ रही बादलरूपी नौकाओं को
आँखें मार और हाथ हिलाकर
रोमहर्ष करेंगे
बिन मुड़े नक़्शे खोलकर हम
रेगिस्तान में बरस पड़ेंगे
जंगलों के जंगलीपन उधार लेंगे
मसालों की फली को छीलकर अलग करेंगे
सातवाँ मोती बीनकर
जब रजनी कल्पवृक्ष के तले
सोने को लेटेगी
खजुराहो की बची हुई दीवारों पर
हम नूतन चित्र खींचेंगे।
लोभी बन जब समुद्र मुझे
निगलने आयेगा

प्राणनाथ के पुष्यराग पत्थर को
अपने सीने से लगा लूँगी मैं
भोर की वेला जब लुढ़क–लुढ़ककर
प्यार के छोरों पर गुलाबी जल छिड़केगी
अमूर्त आरवों की ईख की चटाई पर हम
एक–दूसरे के साथ सोये होंगे
देश में रातरानी
शीशे की तरह हँसी बिखेरने वाली
हेमन्त ऋतु में
वात्स्यायन हमारे द्वीप पर आयेंगे
अलिखित कलाओं के अभ्यास करने के लिए।

खिड़की क़ब्ज़ा

मेरी आर्द्रताओं को
तुम्हारे सपनों से जोड़ने वाली
कड़ी को क्या मैं प्रणय कहकर पुकारूँ?
तुम्हारे मज़बूत तेवरों में प्राप्त जो परमानन्द
पुनर्जन्म के गुच्छे में हमारे द्वारा संचित
मदिरा से भी मादक जलकुम्भ है न?
हवा द्वारा पीछे खींचने पर भी
मुझे तुम्हारे पास बुला रही हैं
नमी की वे अभिव्यक्तियाँ।
ढीला और कड़ा होकर
साझा करने वाली रंगहीन रेणुओं
और हृदय की काव्य–लतिकाओं को
मधुर गीत बनाकर
एक होकर हम गायेंगे न?
गाते–गाते जब थक जायें, ध्वनि बन्द हो जाये
तो स्मृतियों का मरहम लगाकर
काल गले लगायेगा हमको।
तुममें समा जाने, तुमसे लिपट जाने
पर्दों को जाने बिना, दीवारों को छेदे बिना
हम कितने मौनराग आलापते थे
इतने पास रहकर भी
पता नहीं, मुझे और कितने युग प्रतीक्षा करनी पड़ेगी।

मिथ्या

हम नारी होने के बाद हैं न
हम हैं तो देखो हमारे होने के
आँगन में आम का पेड़ खिल उठा
आम की फलियों से सजकर भोर मुस्कराया
पड़ोसियों ने होंठों की तर्ज़ पर हँसी लिख दी फिर भी
किसी भ्रम में धमनियाँ उबलकर ज्वरग्रस्त हो गयीं
अचानक बरस पड़ी गर्मी की बारिश में पहली बार
मैंने तुम्हारी छतरी में अपना ठिकाना खोजा
भौंहें टेढ़ी करके पसीने से तर तुमने सीने से लगाया मुझे;
ओलों को जाने बिना, एक शरीर बनकर
उत्ताराषाढ़ की भाँति आँखें फड़फड़ायीं
छतरी से बाहर निकल
बारिश की गिर रही अश्रुबूँदों को
हथेली पर रख
मैंने देखा, जाना
कि प्यार नालों से नहीं, नदियों से होकर गुज़रता है
वह भी नर नदी से!

झटका

रंग
जाति
लिंग
सेक्स
छिपकर, छुपकर
स्पष्ट झटका, भारी आघात
पर सर उठाकर, सीना तानकर
जियो तो
अडिग होगा नज़रिया।

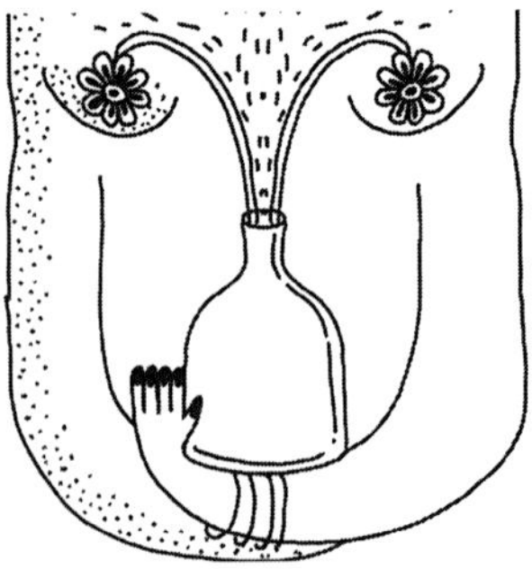

कोई और

वह
रोज़ उसे पीटेगा
डराकर बैठायेगा, मारेगा लात
चेहरे पर थूककर
चावल में मिट्टी डालकर
गाली देकर, मूँछें ऐंठकर
आँखें दिखायेगा।
जब कि वही व्यक्ति
अगर यहाँ आये तो
उसे पीटें
डराकर बैठायें, मारें लात
चेहरे पर थूकें
चावल में डालें मिट्टी
गाली भी दें
तो विनती ही करेगा
मूँछें नीचा कर पैर चाटेगा।
क्या वह
गुलाम है या कि मालिक
या दोनों है?

एक व्यक्ति के अन्दर दूसरा व्यक्ति!
क्या वे दोनों एक–दूसरे को जानते हैं?
नहीं जानती?
वैसे जानने पर भी क्या वे मानेंगे?
मान भी लें तो कोई यक़ीन करेगा क्या?

सीटी

उस लोहे की अलमारी में
छूते ही दादा जी की
पुरानी कार बड़े शोर के साथ
हॉर्न मारेगी मेरे कानों में।
दराज खोलकर साड़ियाँ
मोड़कर क़रीने से लगाते समय
डिकी से एक बड़ा पहिया
लुढ़कते हुए दिमाग़ में आयेगा,
जब ज़ेवर का बक्सा बन्द करते वक़्त
कोई गाड़ी स्टार्ट करने का
नज़ारा सामने आयेगा।
महत्त्वपूर्ण दस्तावेज़ों को पलटते ही
बिना चाबीवाला डैशबोर्ड सीने पर
ज़ोर से कोई बन्द करेगा।
बायीं जेब तक हाथ फेरते ही
साइड ग्लास से ठण्डी हवा
मेरे गले लग जायेगी।
फिर एक्सीलेटर पर पैर धरकर मैं भी
बचपन की यादों में कूद पड़ूँगी
गति बढ़ाकर और धीमा कर
एक सौ चालीस में चलेगी
अपरिचितों में परिचितों को
शामिल कर लूँगी

कभी–कभी ज़ोर से हँसूँगी
फिर कभी खिलवाड़ कर रहे कल के साथ
नदी की लहरों में
तैरकर नहाऊँगी।
रसोई की पहली सीटी कानों में बजने तक
दायित्वों का हाथ बढ़ने पर
मैं भी रिवर्स गियर में जाऊँगी
अचानक ब्रेक दबा दूँगी
अलमारी के दरवाज़े बन्द कर दूँगी!

लाल लोबान

मेरे झड़ने पर भी
मेरे अण्डकोष पर
तुम कविता लिखते रहना
मिट्टी में मिली चट्टानों पर
समय की भूली रंगीन धूल से
कि ख़ुशबूदार रहे।
उन गृण्वीथियों को
जहाँ मेरी आत्मा समा गयी है
सदा सींचकर
तेरी कल्पनाओं को नष्ट किये बिना
संग्राम–क्षेत्रों में तुम हँसोगे न?
हे गायक, तू ज़रा
उस आम्र वृक्ष पर बैठकर गा
वसन्त फिर से
हमें ढूँढ़ लेगा
तुम्हारे लाल लोबान बन
मैं खिल जाऊँगी
संध्याओं का पुनर्जन्म हो जायेगा!

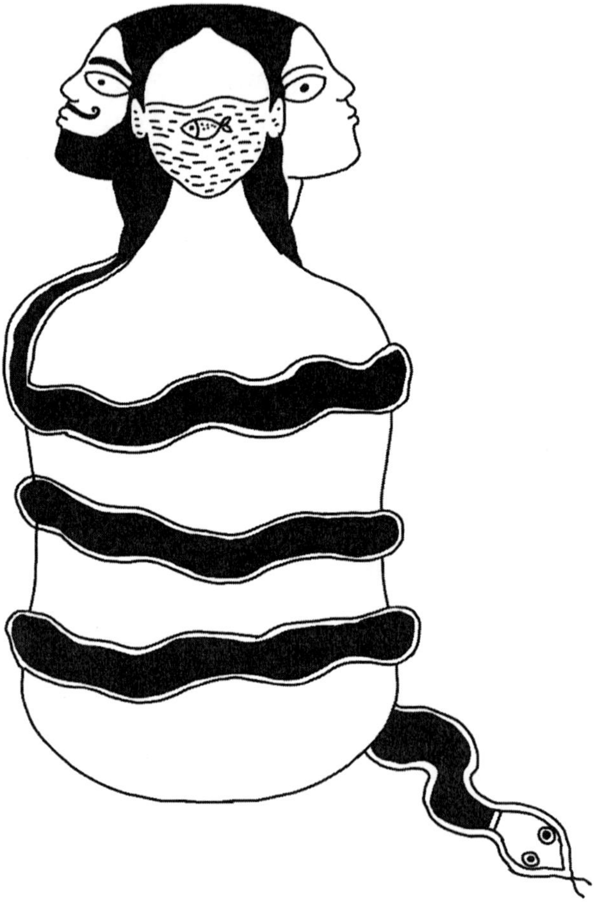

कितने लोग

शादीशुदा मैं और
मेरे अन्दर रहने वाली अविवाहित एक दूसरी
कभी आपस में
बातें करेंगे
वह एक प्रेमिका है
और मैं पत्नी
मुझसे उरा तक
और उससे मुझ तक
मीलों की दूरी है।
कभी–कभी दो महाद्वीप
बीच में अक्सर एक समन्दर बहता है
वो ग़लत और मैं सही
या कि उलटा?
पलट–पलटकर देख–देखकर
पसीना बहा रहा समय।
वह नदी में लहरों की तरह बिखर जाती है
मैं उन तटों पर खड़े पुष्पाद की तरह हँसती हूँ
दोनों में वसन्त बारी–बारी से खिलता है
मैं धीमी ध्वनियों के साथ जीती हूँ
पर वह
तेज़ ध्वनियों के साथ
शर्म दीवार से टूट गिर जाती है
मौन रेशमी वस्त्र उतार फेंकता है

फिर हम दोनों के अलावा एक तीसरी
पगडण्डियों से घुस आती है
रेत को कुरेदकर, यादों को बाहर कर
शव–परीक्षा करती है
बाल खोल चीख़ उठती है
बेवजह हँस पड़ती है
बादलों की बंजर धुनों में
मौन को जोड़ती रहती है
जब हम तीनों सो जाती हैं
हमारे अन्दर एक और जाग जाती है
एक शख़्स के अन्दर कितने शख़्स और होते हैं न?

माँ अपने बच्चे को

अम्मा शब्द में
जब एक 'मा' बेटी और दूसरी 'मा' बेटा बन जाता है तो
'अ' के अनन्त से एक चीख़ सुनायी देती है
ग़ैर–अनुभवजन्य दौलत है अम्मा।
चित्रित बिम्बों से परे
एक अनजानी आत्मा और आत्मदर्द
भी है वह भलमानस
माँ अपने
बच्चों को बच्चों के रूप में
आत्मसात् न करे तो
अतुलनीय स्नेह–वात्सल्य
भीषण गर्मी में
बच न पायेगा
जल जायेगा!

सुख और दुःख

ज़िन्दगी से समझौता करने के बाद
सुख और दुःख के बीच
क्या कोई बड़ा अन्तर रह जाता है?

स्याही

मैं कल तुम्हारे घर आऊँगी
आऊँगी मैं
तुम मुझे उसे दिखा देना।
चिन्ता मत करो
ना–ना
शरमाओ मत
तुम मेरे सामने एक बार
खोलकर रख देना उसे।
रंग, लम्बाई
और रूप
मेरे लिए कोई विषय नहीं
मुझे देखने दो
मुझे जानने दो
मन भर सहलाना चाहती हूँ
तुझसे और उससे
मुझे अलग करने वाली
स्याही* की वह बोतल
अनीति की ज़हरीली बोतल है!

---

*स्याही से भी भिन्न लैंगिकों को चिन्हित किया जाता है। कवयित्री का आशय यहाँ इसी सन्दर्भ में है।

सुरक्षित

दिन के उजाले में एक बार
गले मिलाते तो
रात में इस तरह बिखरकर गिरना न पड़ता
मुट्ठी भर दाने के लिए
दूसरों से लड़ना न पड़ता
देह के कण–कण में
जलन के दर्द को एकदम भूलकर
अँधेरे की निरंकुश गोदी में
सपनों का दम नहीं घुटता
झाड़ियों, अँधेरे कोनों में
आशाएँ फिसलकर नहीं गिरतीं
जो मिल रहा है उसका आधा देकर भी
बिना आँखें खोले
बिना प्रसन्न हुए
हे अहसान–फ़रामोश भगवान!

मन

चेहरे पर तेज़ाब फेंककर भागा
आग जलाकर
कार से टकराया
यहाँ तक कि सीने पर गोली मारते वक़्त भी
तुमने सोचा नहीं
कि मेरे पास भी एक हृदय है
उसमें एक परिवार की उम्मीदें हैं।
एक मुस्कान या
एक भौंह चिकोटी द्वारा
मैंने तुमसे कोई वादा नहीं किया
मेरी चुप्पी सहमति नहीं थी
यह एक लाड था
तुम्हारी ललचायी नज़र पड़ी उन ऊँचे पहाड़ों के बीच
जहाँ मेरा दिल था
उसमें मेरी ही तरह किसी से मेरा प्रेम था
हाँ, मैं प्रेमी हूँ
तुम्हारा नहीं, उस लड़की का!

दुःस्वप्न

बारिश की एक भी बूँद नहीं गिरेगी
बुझ सके मेरी प्यास बंजर भूमी पर
राग और मोह दुःस्वप्न बन गये
लताएँ सूखकर गिर गयीं
रो भी नहीं सकती मैं
आँखों में आँसू की एक भी
एक भी बूँद नहीं!

सुनवाई

आँखों के आगे गहन अँधेरा था क्या
जो तू मुझे पहचान न पाया?
कई युगों से
किसी काल्पनिक यात्रा में नहीं आयी मैं इधर।
बकरियों और गायों से भरी
नूह की नाव की हलचल में, और
जहाँ तू सूली पर चढ़ा था उस गोलगोथा पहाड़ी में
प्रतिध्वनित वह विलाप जिसे
तू भी सुन नहीं पाया
वह मेरा ही था।

काँटों का ताज पहन
कल की क़ब्रों पर आँसू बहाने को
मोमबत्ती की तरह पिघलने को, पसीने से तर
तेरी नर–नारी सृष्टियों द्वारा दिये गये
श्राप व कोड़े की मार खा
चिलचिलाती धूप में
पत्थर खाने, ख़ून बहाने को
क्या मेरा यह जन्म हुआ।

बस!
सूली से नीचे उतर तू

कटघरे में खड़े हो जा
अब होगी मुक़दमे की सुनवाई।

एक बार फिर जीवित हो
कि इस पृथ्वी पर केवल दो स्तम्भों में
तूने जो अंकित किया है
उन कोंपलों को काट डाल।

तेरे अनुयायी तेरी वकालत करेंगे
मेरी वकालत करेगी यह प्रकृति!
संविधान पर हाथ रखकर
बता सच, केवल सच
क्या मनुष्य–जन्म सिर्फ़ स्त्री–पुरुष के रूप में हुआ था?
बता ईश्वर,
हे करुणानिधान, बता
कि मौन से बड़ा कोई पाप है?

पत्थर मारो

पत्थर मारो
मुझ पर पत्थर मारो
काले पत्थर फेंको मुझ पर
पत्थरों से मैं कभी विचलित नहीं हुई
न ही मुरझायी
न हिली, न डरी
और न ही भागकर कहीं छिपी।

आज मैं अपने वजूद के साथ
यहीं खड़ी हूँ जहाँ थी
ये हरित पद–चिह्न
मेरे भी अपने हैं
न नर हूँ मैं और न ही नारी
मैं मनुष्य हूँ।
मेरी ज़मीन पर हमेशा क़दम रखेगा
नया आसमान
प्रत्याशारूपी विशाल वन की
खोज में भरता रहेगा उड़ान।

ठिठोलिये

पिछले जन्म की सज़ा के रूप में
भगवान ने दिया यह कारावास
ग्रेनाइट से बना स्मृति–मण्डप
बलिवेदी पर भग्नमोहों का ठहराव

इच्छित बेल पर फैलने में अशक्त,
हम अशुभ पौधे, अपश्रुति* हम
छाती पर कामबाण लगने से
ठहरे नाचने वाले ठिठोलिये

सपने देखने की इजाज़त नहीं
चिल्लाने का भी अधिकार नहीं
तब भी वेशभूषा का अनुसरण करते हैं
हम उन्मुक्त आज़ादी चाहने वाले।

सूजे मस्तिष्कवाले लोगो
हम क्या अस्तित्वहीन भूत हैं?
बेचैन आह की तरह
भस्मधूलि–सा हवा में उड़ने वाले

---

* अपश्रुति : एक ही धातु से बने शब्दों में स्वरों के इधर–उधर हो जाने से दिखायी देने वाली भिन्नता।

हे समय, तू अभिचारक* बन जा
इस तन को त्यागने में साथ दे
इन्द्रधनुष खिलाने वाली आसमानी शाखा पर
हम ज़रा झूलने को तरसते हैं।

---

* अभिचारक : तन्त्र–मन्त्र का प्रयोग करने वाला।

प्याला

स्वतन्त्रता क्या है मेरी सखी
आसमान में दिखने वाला इन्द्रधनुष?
भाईचारे का मुखौटा
सड़क पर मचलती चपलता?
टूटी डोरवाली पतंग बन
हवा में उड़ जाना?
कुलीन वर्ग की छवियाँ बनकर
मांस दिखाकर आमन्त्रित करना?
उदार रात की पारदर्शिता से
अभिभूत होकर आलिंगन करना?
उन्मादी नशे में अर्धनग्न हो
मदिरोत्सव में घुल जाना?
चिल्लाओ मत, हँसो मत
यह जीवन अस्थायी है
नहीं, मुझे नहीं चाहिए यह आज़ादी
यह प्याला मेरे योग्य नहीं है।

निशान

तुम्हारा चश्मा
भले ही मैंने पहना
पर
तुमने मुझमें जो
फ़र्क़ देखा
मुझे वह तुममें
नहीं दिखा
समस्या चश्मे की है
या
नज़रिये की?

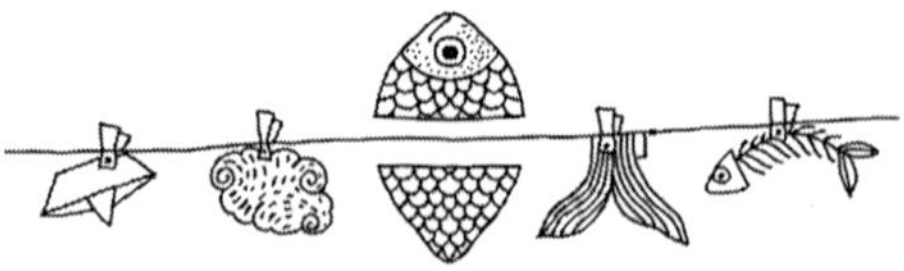

कोयले की खान

सड़े बिना खाद बनने वाली कुछ चीज़ें हैं
अन्तहीन यादों की
समुद्र की तरह!
किसी भी समय
छूने पर
ताज़गी के साथ
ज्वलित होने वाली!
हृदय के झरनों संग
बहने वाली
कोयले की खान–सी अनेक!
बाढ़ से आप्लावित
रेगिस्तानों में
प्रणय के साथ पुनः जन्मी
नसों की
गर्म आहों जैसी
कराहों जैसी
यादें!

कुछ यादें!

प्रतिरूप

नारी का
प्रतिरूप बनाते वक़्त
तड़प रहा अन्दर
एक मर्द–दिल
जिससे अनजान लोगो, तुम सबने
मेरे प्रणय की आहों में
कील ठोंक दी !
मेरे वजूद का चीरहरण किया !
लेकिन बता सको तो बताओ
कि मर्द को मर्द से प्यार करने के लिए
क्या औरत होना ज़रूरी है?

नदी

एक सूखी नदी का
कविता के रूप में पुनर्जन्म हुआ।
मेरा पुण्य बनकर
वह लहराने लगी
जिससे पंक्तियों के बीच में अनजाने ही
लयबद्ध श्रुतियों की
जन्मान्तर स्मृति की खोज में
मन के तहख़ानों में
जुगनू बनकर
मैं खिलने लगी
खिल रही मैं।

लिंग च्युति

मेरे इस रूप की
तुम पत्थर मारकर हत्या कर सकते हो
आग लगा सकते हो
पर क्या मेरे वजूद के साथ ऐसा
कर पाओगे?

मेरे सँवारे गये बालों पर
लम्बे नाख़ूनों पर
चिंगारी डालने को मन करे,
मुझे पसन्दीदा कपड़े पहन
रोशनी की नयी राह पर
बढ़ते देख
तुम्हारी आँखों में अगर
ग़ुस्सा आ जाये
तो समझ लो
तुम्हारे अन्दर का मनुष्य
पागल हो गया है
और यही लिंग च्युति है
तुम्हें नीचे धकेलने वाला दोहरा भँवर।

आत्मतुष्टि

दोनों पैरों के बीच में
या
इस दुनिया की दृष्टि में
मैं नहीं हूँ,
बता देती हूँ मैं आप लोगों को
—यह सच है
हालाँकि आप लोग कहेंगे कि मिथ्या है।

चिन्ता की आशा की शाखाओं पर
अपने वजूद के साथ मैं खिल रही हूँ
अपने ही दम पर निशान बनकर
सच बनकर, सौरभ्य* बनकर,
स्थिति बनकर, आकाश बनकर
उपलब्धि बनकर, संघर्ष बनकर
आत्मप्रेरणा बनकर
बहती हुई फैल रही हूँ।

मेरा नाम है जेंडर
अन्तर जाने बिना
तुम लोगों द्वारा इन्द्रियों से जोड़ दी गयी
आत्मतुष्टि
हूँ मैं।

---

* सौरभ्य : ख़ुशबू, सौन्दर्य।

मैंने तुम्हारा क्या बिगाड़ा है?

जब ज़ोरों की भूख लगे तो
होटल में,
दवा की लम्बी क़तार में खड़े होते वक़्त
अस्पताल में,
गाड़ी के लिए हाथ हिलाते वक़्त
बस स्टॉप पर,
काम पर जाते समय
दफ़्तर में,
उत्सव के दौरान
भीड़ में,
तुम हमें ऐसे क्यों घूर रहे हो?
कहते हो इन्सान समझते हो हमें
पर
पूजा की इजाज़त नहीं
साथ खाने की अनुमति नहीं
कोई रोज़गार नहीं
और न ही घर में कोई जगह
क्या तुमसे एक बात पूछूँ—
मैंने तुम्हारा क्या बिगाड़ा है?

❒❒❒